EDICT DV ROY,

PORTANT ATTRIBVTION

d'hæredité aux Offices de Police & autres y mentionnez, & pour la reuente de ceux dont les pourueuz n'auront prins ladite attribution : Ensemble pour la vente & establissement desdits Offices auec ladite heredité, és lieux où n'en a encores esté estably depuis les Edicts de leur creation.

Auec vn Arrest du Conseil, Declaration & Commission de sa Maiesté, interuenu en consequence dudit Edict.

4

A PARIS,

Par FED. MOREL, & P. MÉTAYER, Imprimeurs ordinaires du Roy.

M. DC XXI.

Auec Priuilege de sa Maiesté.

OVIS par la grace de Dieu Roy de France & de Nauarre, A tous presens & à venir, Salut. Les mouuemens qui n'ont esté que trop frequens en ce Royaume, depuis nostre aduenement à la Couronne : mesmes le dernier lors que nous pensions faire ioüir nos subjets d'vn ferme & asseuré repos, & mettre nos finances en si bon ordre que le reuenu ordinaire peut suffire pour supporter les despenses de nostre maison & de l'Estat, Nous ayant contraint d'auoir recours à des moyens extraordinaires à mesure que les occasions des despenses se sont presentees, & nous y contraignans encore pour remplacer le fonds & reuenu ordinaire!, tant de cette annee, que de l'annee prochaine pris par anticipation, & consumé pour seruir aux despenses du dernier mouuement, & à celles qu'il a conuenu faire pour establir & affermir la paix, & payer le dot & fraiz du mariage de nostre tres-chere sœur la Princesse de Pied-mont : toutesfois nous ne nous sommes seruis que de ceux qui ont esté les plus tolerables & moins à la foule & charge de nos subjets, ayant mieux aymé prendre sur nous mesmes, & auec quelque legere diminution sur nos Finances, que d'y proceder par nouuelle imposition sur eux : & desirant tesmoigner tousiours à nosdits subjets le soing particulier que nous auons de les bien traitter, encore que nostre necessité presente soit telle & si vrgente qu'elle meriteroit d'estre secourue par des moyens fort prompts : Neantmoins sur la proposition faicte en nostre Conseil, de mettre en heredité aucuns petits Offices sans gages, & qui ne tiennent aucun lieu en l'administration de la Iustice & des Finances, & faire faire l'establissement d'iceux és lieux où ils ont esté negligez pour en tirer quelque secours en cette necessité de nos affaires ; Nous nous sommes arrestez à ce moyen. A ces causes, ayant faict mettre cet affaire en deliberation en nostre Conseil, où estoient aucuns Princes de nostre Sang, Officiers de nostre Couronne, & plusieurs autres grands & notables personnages : Nous de l'aduis de nostre Conseil, & de nos certaine science,

pleine puiſſance & auctorité Royale,
Auons par cettuy noſtre preſent Edict
perpetuel & irreuocable, dict, ſtatué &
ordonné, diſons, ſtatuons & ordonnons,
voulons & nous plaiſt, que tous offices de
Courtiers de Vins, Laïnes, Cuirs, & toutes autes marchandiſes, Aulneurs & Vi-
ſiteurs de draps & toiles, Vendeurs de
poiſſon de Mer, fraiz, ſec & ſalé, Vendeurs de beſtial à pied fourché: les Meſureurs & Porteurs de Bleds & autres grains:
Iurez Meſſagers ordinaires des Villes,
Iurez Maçons. Charpentiers & Clercs de
l'Eſcritoire, Controolleurs des Plaſtres à
Paris, Controolleurs aux portes de ladite
Ville, & des Arpenteurs, & Meſureurs
Iurez des terres, bois, eaües & foreſts:
Tous leſdits offices cy deuant creez par
Edicts, pour en ioüir par les pourueuz en
tiltre d'office, ſeront doreſnauant hereditaires & poſſedez par ceux qui en ioüiſ-
ſent à preſent auec le droict d'heredité,
ſans qu'ils ſoient ſubjets à vacquer par le
decez de ceux qui en ſont ou ſeront cy a-
pres pourueuz, ains conſeruez aux famil-
les par leur decez: & y eſtre par nous pourueu ſur la nomination de leurs veſues, en

fans ou heritiers pour iouyr defdits offices
& des droicts, Priuileges, preeminances
& immunitez dont ils ont bien & deüe-
ment iouy, & qui leur font attribuez, fans
aucune diminution ny augmentation d'i-
ceux, à la charge de nous payer par les
pourueuz defdits offices finance moderee
par forme de fuppleement pour l'attribution dudit droict d'heredité, felon la taxe
qui en fera faicte en noftre Confeil: où à
faute de payer par eux ou aucuns d'eux
ladite taxe, il fera procedé à la reuente de
leurs offices, remettans à leur option de
payer ladite taxe, ou fouffrir ladite reuente à laquelle par faute de payement dudit
fuppleement, fera auec ledit droict d'heredité procedé par les Commiffaires qui
feront à ce par nous deputez : Et ce fai-
fant nous voulons que les officiers pourueuz foient rembourfez actuellement, &
à vn feul payement de la finance qu'ils iu-
ftifieront auoir payee par la quittance du
Threforier de nos parties Cafuelles, ou
Commis par nous à la recepte des deniers
de la vente defdits offices pour l'achapt &
compofition d'iceux en nos coffres. Et
quand aux autres qui ne les ont euz di-

rectement de nous : mais a quelques particuliers desquels ils les ont acquis seront aussi remboursez, ensemble de leurs frais & loyaux cousts, selon ce qui sera ordonné en nostre Conseil, sans qu'ils puissent estre depossedez, qu'au preallable leurdit remboursement n'ayt esté faict. Comme aussi sera procedé par lesdits Commissaires à la vente & establissnment, auec ledit droict d'heredité desdits offices és lieux & endroicts où ils n'ont encores esté establis depuis les Edicts de creation d'iceux : à la referue neantmoins de ceux ausquels nos chers & bienlamez les Preuosts des Marchands & Escheuins de nostre bonne ville de Paris, & autres Villes & Communautez qui ont droict & faculté d'y pouruoir : & pareillement des offices de Messagers, esquels le Recteur de l'Vniuersité pretend mesme priuilege, ausquels nous n'entendons faire aucun preiudice, ains voulons estre conseruez en leurs droicts, les exceptant audit cas de l'heredité pour demeurer en offices, ainsi qu'ils sont à present : & à cet effect representeront leurs tiltres de leursdits priuileges ausdits Commissaires, pour estre veus & rapportez en nostredit

Conseil. Si donnons en mandement
à nos amez & feaux Conseillers les gens
tenans nos Cours de Parlements & des
Aydes, & à tous nos autres Iusticiers & Officiers qu'il appartiendra, chacun endroit
soy, Que ces presentes ils facent lire, pu-
blier & enregistrer, & du contenu en icel-
les ils facent iouffrent & laissent iouïr &
vser ceux qui seront pourueuz desdits offices auec ledit droict d'heredité pleinement & paisiblement, sans souffrir ny per-
mettre qu'il y soit ne puisse estre contre-
uenu en aucune maniere, cessans & fai-
sans cesser tous troubles & empeschemens
au contraire. Car tel est nostre plaisir,
Nonobstant tous Edicts & Declarations,
oppositions ou appellations quelsconques,
pour lesquelles ne voulons estre differé.
Et afin que ce soit chose ferme & stable à
tousiours, Nous auons faict mettre nostre
seel à cesdites presentes. Donné à Paris
au mois de Feurier, l'an de grace mil six
cens vingt. Et de nostre regne le dixiesme.
Signé, LOVIS. Et sur le reply, Par
le Roy, DE LOMENIE. Et à costé,
Visa. Et seellé du grand sceau de cire verte
sur lacs de soye.

8

Leu, publié, & regiftré, prefent & requerant
le Procureur general du Roy, & ordonné que copies
collationnees feront enuoyees aux Bailliages & Se-
nefcchauffees, pour y eftre lcües, publiees, regiftrees,
& executees felon leur forme & teneur. A Paris
en Parlement, le Roy y feant le dix-huictiefme Feurier, mil fix cens vingt.

Signé,   DV TILLET.

Leu, publié, & regiftré par le commandement du
Roy, porté par Monfieur le Prince de Condé, afsifté
des fieurs de Chafteau-neuf, Ieannin, & Vignier
Confeiller au Confeil d'Eftat de fa Maiefté, Ouy &
confentant le Procureur general du Roy. A Paris
en la Cour des Aydes, le vingt-quatriefme Feurier,
mil fix cens vingt.

Signé,   PAVLMIER.

ARREST

ARREST DV CONSEIL

du Roy, par lequel eſt ordonné que lettres de Declaration ſeront expedies pour regler l'heredité mentionnee en l'Edict cy deſſus.

SVR ce qui a eſté repreſenté au Roy en ſon Conſeil, Qu'encores que par l'Edict faict au mois de Feurier dernier, pour l'heredité des Offices de Police, Sa Majeſté ayt entendu comprendre ſouz termes generaux (auec ceux qui ſont declarez par iceluy) tous les menus Offices de Police creez par Edicts: & qu'en faiſant ladite heredité, elle n'ayt eu autre intention que d'aſſeurer & conſeruer leſdits Offices aux veufues & heritiers des pourueuz d'iceux aduenant leur decez, & de tirer d'eux en ce faiſant pour le ſecours de ſes affaires, les ſommes à quoy ils ſeroient taxez en ſondit Conſeil pour ladite heredité: Neantmoins aucuns des pourueuz deſdits menus Offices, compris

B

souz termes generaux audit Edict, craignent qu'on ne leur veüille debattre à
l'aduenir la ioüiſſance dudit droict d'heredité, pour n'y eſtre la qualité de leurs Offices particulierement exprimee : Et que
outre ce, les pourueuz tant deſdits menus
Offices, que de ceux qui ſont à plein ſpe-
cifiez & declarez en iceluy Edict, doutent
qu'apres auoir acquis ledit droict d'heredité, il fuſt cy apres procedé à la reüente
de leurſdits Offices, ſoit ſur eux ou leurs
ſucceſſeurs : En quoy ils receuroient vn
notable preiudice ſ'il ne leur eſtoit pourueu de tiltre, pour les garentir de ladite
reuente, attendu que faiſant icelle, ils ne
ſeroient rembourſez que ſur le pied de la
finance payee par leurs predeceſſeurs aux
parties Caſuelles, qui ne reuiendroit pas à
beaucoup pres de ce qu'ils en ont payé
aux particuliers, au lieu deſquels ils ſont
à preſent pourueuz : Et que ſur tels doutes
& incertitudes de la nature de ladite heredité, Il ſeroit neceſſaire que ſa Majeſté
les eſclairciſt & donnaſt à entendre plus
preciſément ſon intention. Veu ledit Edict
du mois de Feurier dernier, & Arreſts de
verification ſur iceluy, Le Roy en ſon

Conseil, A ordonné & ordonne, qu'auec
tous les Offices de Courtiers de Vins,
Laynes, Cuirs, & toutes autres sortes de
marchandises, Aulneurs & Visiteurs de
Draps, & Toiles, Vendeurs de poisson de
Mer, fraiz, sec & salé, Vendeurs de bestial
à pied fourché, les Mesureurs & Porteurs
de Bleds & autres grains, Iurez Messagers
ordinaires des Villes, Controolleurs de
Plastres, Controolleurs aux portes de la
ville de Paris, & autres declarez par ledit
Edict : Seront aussi compris les Controolleurs des ports de ladite ville de Paris, les
Gardes des Impositions esdites portes &
ports : Ensemble les Commissaires & Con-
trooleurs des Quatriesme, Huictiesme, &
Vingtiesme : les Mesureurs, Porteurs de
Sel : les Visiteurs & Langayeurs de Porcs,
& autres menus Offices de Police creez
par Edicts, encores qu'ils ne soient particulierement exprimez par ledit Edict : Decla-
rant sadite Majesté, que tous lesdits Offices de Police, dont les pourueuz financeront aux parties Casuelles les sommes à
quoy ils seront tazez, pour ioüir dudit
droict d'heredité suyuant ledit Edict, ne
seront subjects à aucune reuente sur lesdits

B ij

pourueuz ny fur leurs fucceffeurs, ny cenfez & reputez eftre par eux tenus ou poffedez fouz la faculté & condition de rachapt perpetuel, comme font les Offices
de Notaires Royaux hereditaires, eftablis
és Villes & Paroiffes de ce Royaume, di-
ftraits de fon Domaine. Et que ledit droiĉt
d'heredité attribué par ledit Ediĉt aux
pourueuz defdits Offices, ne fe pourra
eftendre qu'à leur benefice, & de leur pre-
nier refignataire ou fucceffeur en leurf-
dits Offices, dont auenant le decez, lefdits
Offices feront conferuez à leurs vefues &
heritiers, & par fa Majefté & fes fucceffeurs pourueu à iceux de perfonnes fuffi.
fantes & capables fur les demiffions ou pre-
fentations defdits heritiers, fans pour ce
payer aucune nouuelle finance, ny marc
d'or: A la charge neantmoins que ceux au
profit defquels lefdits premiers refignatai-
res auront difpofé defdits Offices, ne pour-
ront ioüir de ladite heredité, & que venans
à deceder fans auoir refigné ou faiĉt admet-
tre leur refignation dans le temps accou-
ftumé, leurs Offices demeureront vac-
quans & imperrables, ainfi que les autres
Offices dependans defdites parties Cafuel-

les, dans lefquelles ils rentreront comme ils font à prefent. Voulant fadite Majefté que pour cet effect il en foit expedié telles lettres de Declaration que befoin fera, qu'elle entend eftre leües & publiees en fa grande Chancellerie le feau tenant, & regiftrees és regiftres de l'Audiance d'icelle, à ce qu'aucuns des pourueuz des fufdits Offices n'en pretedent caufe d'ignorance. Faict au Confeil d'Eftat du Roy, tenu à Fontainebleau le 8. iour d'Auril, 1620.

DECLARATION DV ROY, donnee en confequence dudit Arreft fur ledit Edict, Par laquelle fa Maiefté reigle l'heredité des Offices mentionnez par lefdits Edicts & Declaration, & declare n'auoir entendu que ceux defdits Offices dont les pourueuz auront prins ladite attribution, foient fuiets à aucune reuente.

LOVIS par la grace de Dieu Roy de France & de Nauarre, A tous ceux qui ces prefentes Lettres verront, Salut. Encore qu'en l'Edict par nous faict au mois de

Feurier dernier pour l'heredité des Offices de Police, Nous ayons entendu comprendre souz termes generaux (auec ceux qui sont declarez par iceluy) tous les menus Offices de Police creez par Edicts: & qu'en faisant ladite heredité, nous n'ayons eu autre intention que d'asseurer & conseruer lesdits Offices aux vefues & heritiers des pourueuz d'iceux aduenant leurs decez, & de tirer d'eux, en ce faisant, pour le secours de nos affaires, les sommes à quoy ils seroient taxez en nostre Conseil pour ladite heredité; neantmoins il nous a esté representé, qu'aucuns des pourueuz desdits menus Offices, ainsi compris souz termes generaux en nostredit Edict, craignent qu'on leur vueille debattre à l'aduenir la iouïssance dudit droict d'heredité, pour n'y estre la qualité de leurs offices particulierement exprimee : & qu'outre ce les pourueuz, tant desdits menus offices, que de ceux qui sont declarez & specifiez par nostredit Edict, doutent qu'apres auoir acquis ledit droict d'heredité, nous voulussions faire proceder à la reuente de leursdits Offices, sur eux ou leurs successeurs, en quoy ils receuroient vn notable preiudice, pour ce qu'ils ne feroient rembourfez que fur le pied de la finance payee par leurs predeceffeurs en nos parties Cafuelles pour lefdits offices, qui ne reuiendroit à beaucoup pres de ce qu'ils ont payé aux particuliers : ce qui eft directement contraire à la fincerité de noftredite intention. De laquelle defirant rendre les vns & les autres pleinement efclaircis & affeurez, & leuer toute doute & incertitude qui fe pourroient prefenter fur ce fujet: A ces caufes, de l'aduis de noftre Confeil, & de noftre certaine fcience, pleine puiffance & auctorité Royale, en interpretant noftredit Edict du mois de Feurier dernier, dont copie eft cy attachee fouz noftre contre-feel : Auons par ces prefentes fignees de noftre main, Dict, declaré & ordonné, Difons, declarons & ordonnons, qu'auec tous les offices de Courtiers de Vins, Laines, Cuirs, & toutes autres fortes de marchandifes , Aulneurs & Vifiteurs de draps & toiles, Vendeurs de poiffon de Mer, fraiz, fec & falé, Vendeurs de beftial à pied fourché : les Mefureurs & Porteurs de Bleds & autres grains : Iurez Meffagers ordinaires des Villes, Controol-

leur de plaftre, Controolleurs aux portes
de noftre ville de Paris, & autres declarez
par noftredit Edict, Nous auons entendu
comprendre & voulons eftre entendu &
compris, les Controolleurs de nos ports
de ladite Ville, les gardes de nos Impofi-
tions efdites portes, & ports d'icelle : En-
femble les Commiffaires & Controolleurs
des Quatriefme, Huictiefme & Vingtief-
me : les Mefureurs & Porteur en nos Gre-
niers à Sel, les Vifiteurs & Langayeurs de
Porcs, & autres menus Offices de Police
creez par Edicts, encores qu'ils ne foient
particulierement exprimez par noftredit
Edict. Difons, declarons, & ordonnons en
outre, que tous lefdits offices de Police,
dont les pourueuz financeront en nos parties Cafuelles, les fommes à quoy ils feront
taxez en noftre Confeil, pour iouïr dudit
droict d'heredité, fuiuãt noftredit Edict du
mois de Feurier, ne feront fujets à aucune
reuente fur lefdits pourueuz ny fur leurs
succeffeurs, ny cenfez & reputez eftre par
eux tenus ou poffedez, fouz la condition
& faculté de rachapt perpetuel : comme
font les offices de Notaires Royaux hereditaires eftablis és Villes & Paroiffes de ce
Royaume,